Dr. Jörg Zittlau

Schlank und f
Pu-erh-Te

Mit Pu-erh-Tee Übergewicht abbauen, den Cholesterinspiegel senken und die Verdauung fördern

SÜDWEST

Der grüne Tee ist eine schmackhafte und gesunde Diäthilfe.

Übergewicht ist nicht nur ein ästhetisches, sondern auch ein medizinisches Problem. Wer etwas dagegen unternehmen will, sollte nicht zu Medikamenten greifen, die ihm noch zusätzliche medizinische Probleme bereiten. Hier stellt der Pu-erh-Tee eine gesunde Alternative dar.

Pu-erh – der ideale Fettkiller

Schon ein oberflächlicher Blick auf den Arznei- und Schlankheitsmittelmarkt zeigt, dass dieser, wie alle anderen Märkte auch, immer wieder von bestimmten Trends geleitet wird. So waren medikamentöse Abmagerungshilfen lange Zeit tabu, weil man sich vor ihren Nebenwirkungen fürchtete. Doch jetzt sind sie wieder »in«. Immer wieder zaubern große Pharmaunternehmen neue Mittel aus dem Ärmel, die dann mit großem Werbeaufwand unter die Leute gebracht werden. Allerdings entpuppen sich diese synthetischen Abmagerungshilfen in der Regel jedoch nicht als revolutionäre Neuheiten, sondern als Aufgüsse von alten Mittelchen, die schon vor ein paar Jahrzehnten »up to date« waren – und bereits damals aufgrund ihrer negativen Nebenwirkungen oder wegen ihrer mangelnden gewichtsreduzierenden Effekte in der Versenkung verschwanden. Viele Menschen sind daher skeptisch geworden, was den Markt der synthetischen Abmagerungshilfen betrifft. Sie suchen nach Alternativen aus der Naturheilkunde. Eine, die äußerst viel versprechend und einfach anzuwenden ist, heißt Pu-erh – wobei auch diese Alternative nicht neu ist.

Ein chinesischer Tee erobert Europa

Pu-erh-Tee wird in China schon seit Jahrtausenden als Alltagsgetränk verköstigt, und seine medizinischen Wirkungen sind bereits seit einigen Jahrhunderten bekannt. Es handelt sich bei ihm um eine besondere Unterart des chinesischen grünen Tees, der auf spezielle Weise nachfermentiert wird. In seinen Wirkungen – weniger in seinem Geschmack – ähnelt er seinen »Vettern«, dem grünen und dem schwarzen Tee. Doch sind es besonders die drei folgenden Wirkungskreise, die Pu-erh in den Blickpunkt der Öffentlichkeit rücken lassen:

- Sein positiver Effekt auf den Fett- und Harnsäurespiegel im Blut
- Sein Entgiftungseffekt, vor allem in Bezug auf Alkohol
- Seine reduzierende Wirkung auf das Körpergewicht

All diese Effekte des Pu-erh sind von zentraler Bedeutung für unsere Gesundheit – für uns im wohlstandsgeprägten Europa wohl sogar mehr als für sein Heimatland. Dennoch: Zu einem richtigen Trendtee wurde Pu-erh nie. Stets stand er im Schatten von schwarzem und grünem Tee. Erst waren es die Engländer der Kolonialzeit, die lange den europäischen Blick ausschließlich auf ihr Nationalgetränk, den schwarzen Tee, lenkten. Später rückten japanische und amerikanische Wissenschaftler den grünen Tee ins öffentliche Interesse, nachdem sie seine phänomenale gesundheitliche Wirkung nachweisen konnten. Um Pu-erh kümmerte sich hingegen keiner so recht. Doch nun scheint seine Zeit gekommen zu sein. Immer mehr Menschen entdecken, dass sie mit ihm eine ernsthafte Alternative gefunden haben, um ihre Gewichtsprobleme anzugehen. Und der Markt zieht mit. Wer jetzt in Reformhäuser, Apotheken, Drogerien oder Teegeschäfte geht, muss nicht mehr mit erstauntem Stirnrunzeln rechnen, wenn er nach Pu-erh-Tee fragt.

Mittlerweile liegen auch einige klinische Studien vor, die seine oben genannten Wirkungen bestätigen. Der rauchig-erdig schmeckende Tee ist also kein Mysterium, sondern zum Teil wissenschaftlich erkundet. Und dies kann womöglich auch die »Kopfmenschen« unter uns davon überzeugen, es einmal mit dem rötlichen Tee zu versuchen.

Der kraftvolle »dayeh«-Teebaum, aus dem Pu-erh gewonnen wird, ist in besonderer Weise mit dem mystischen Heilkräuterland Yunnan verbunden. Verpflanzt man ihn beispielsweise von dort in ein anderes Gebiet, verändert er sogleich seinen Charakter, um zu einem zierlichen Teestrauch zu werden, der nicht mehr zur Pu-erh-Produktion taugt.

Herkunft und Botanik des Pu-erh

Pu-erh-Tee stammt von Teebäumen des Typs Camellia sinensis var. assamica. Er besitzt also einen hohen Verwandtschaftsgrad zu grünem und schwarzem Tee. Das besondere an Pu-erh-Bäumen ist allerdings, dass sie sehr alt werden können sowie kräftige Triebe und glänzende, große Blätter besitzen – letztere brachten ihnen im Chinesischen den Beinamen »dayeh«. Von noch größerer Bedeutung ist der Standort dieser speziellen Teebäume. Sie wachsen im südchinesischen Yunnan, rund um die Präfektur Pu-erh, die dem Tee auch seinen Namen gab. In dieser Gegend fanden Wissenschaftler Ende des 19. Jahrhunderts wild wachsende Exemplare des Teestrauchs Camellia sinensis, die aufgrund ihres Wuchses unmöglich aus Teekulturen stammen konnten, sondern den Ur-Tee darstellen mussten, wie er schon vor vielen Jahrtausenden in China vorkam.

Yunnan ist eine Wiege der chinesischen Heilkräuterlehre. Hier herrschen unvergleichliche klimatische Bedingungen, die eine ebenso unvergleichliche Flora hervorbringen. Viele Heilpflanzen der traditionellen chinesischen Medizin (TCM) haben dort ihren Ursprung. Yunnan hat sich daher im Lauf der Jahrhunderte einen geradezu mystischen Ruf erworben. Und mitten in diesem Umfeld von Mystik, Originalität und Ursprünglichkeit entfaltet sich der Pu-erh.

Eine Besonderheit unter den Tees

Im südchinesischen Yunnan, in der Nähe des Berges Liuchashan, wächst noch heute ein Urexemplar des großblättrigen Teebaums »dayeh«. Er wurde 1961 von Botanikern in einem Urwald entdeckt. Der Baum soll weit über 1000 Jahre alt sein – und er liefert noch heute Teeblätter von bester Qualität!

Seine Urwüchsigkeit bekundet der dayeh-Teebaum auch damit, dass er sich bislang allen Versuchen widersetzte, sich abseits seiner heimischen Wuchsgebiete kultivieren zu lassen. Versuche, den Pu-erh auch in anderen Gegenden Chinas anzubauen, endeten mit dem Resultat, dass der Baum sein Erscheinungsbild veränderte und zu jenem zierlichen, kleinblättrigen Teestrauch verkümmerte, den wir aus den typischen Grün- und Schwarzteekulturen kennen. Als man diese »verzärtelten« Teebäume allerdings zurück nach Yunnan pflanzte, entwickelten sich aus ihnen wieder kraftvolle dayeh-Exemplare.

Die spezielle Verarbeitung des Pu-erh

Grüner und schwarzer Tee stammen beide von demselben Teestrauch ab, doch während man die Blätter des schwarzen Tees aufbricht und sie der chemischen Veränderung durch Enzyme preisgibt (Fermentation), werden die Blätter des grünen Tees durch Wasserdampf in ihrem natürlichen Ist-Zustand »eingefroren«. Eine Zwischenstufe bildet der so genannte Oolong, bei dessen Blättern die Fermentation bei einem bestimmten Punkt abgebrochen wird. Oolong wird daher auch als semi- oder halbfermentierter Tee bezeichnet, man rechnet ihn allerdings meistens dem grünen Tee zu.

Fermentationsdauer bestimmt die Qualität

Das Fermentationsverfahren des Pu-erh unterscheidet sich wesentlich von dem des schwarzen Tees und des Oolong. Die Blätter des dayeh-Teebaums werden gepresst, nicht gebrochen wie beim schwarzen Tee. Die Fermentation dauert dadurch wesentlich länger. Außerdem wird sie nicht von Enzymen der Teeblätter gesteuert, sondern von spezifischen Bakterienstämmen, deren Methode man mit der Milchsäuregärung (z. B. bei Sauerkraut) vergleichen kann – allerdings mit dem Unterschied, dass sie sehr lange brauchen, bis sie ihr Werk vollendet haben. Sie verleihen dann dem Pu-erh-Tee eine tiefrote, kastanienähnliche Farbe, die ihm auch den Beinamen »Roter Tee« gab.
Die Fermentation des Pu-erh-Tees kann mehrere Jahre dauern. Grundsätzlich gilt für ihn wie für guten Wein: Seine Qualität ist umso besser, je länger er reifen konnte. Die kostbarsten Pu-erh-Tees lagern bis zu 60 Jahre.

In der Fachsprache wird Pu-erh gern als postfermentierter (nachgereifter) Tee bezeichnet. Dadurch soll zum Ausdruck gebracht werden, dass er nichts mit dem fermentierten Schwarztee und auch nichts mit dem an- bzw. halbfermentierten Oolong zu tun hat.

Die Provinz Yunnan liegt im Grenzgebiet zwischen Vietnam, Laos, Birma und Tibet. Das Klima in seiner Hauptstadt Kunming ist mit durchschnittlich 20 °C sehr mild. Man nennt sie daher auch die Stadt des Frühlings.

Seiner sanften Fermentierung verdankt der Pu-erh-Tee seine Heilwirkung.

Der sanfte Heiler

Die Inhaltsstoffe des Pu-erh-Tees

Bei grünem und schwarzem Tee ist das Wirkstoffprofil mittlerweile genau entschlüsselt. Hier haben vor allem amerikanische und japanische Wissenschaftler eine gewissenhafte Detailarbeit geleistet. Eine genaue chemische Aufschlüsselung zum Pu-erh liegt wegen seines mangelnden Bekanntheitsgrads in den USA und in Japan noch nicht vor. Jedoch kann man, was die Heilwirkung betrifft, bei Pu-erh nicht nur auf das Wissen und eine jahrhundertelange Erfahrung in der traditionellen chinesischen Medizin zurückgreifen, in jüngerer Zeit sind auch einige klinische Studienergebnisse hinzugekommen.

Unterschiede zu schwarzem und grünem Tee

Darüber hinaus ist anzunehmen, dass die chemische Zusammensetzung von Pu-erh weitgehend der von schwarzem und grünem Tee entspricht. In einem wesentlichen Punkt dürfte er sich allerdings von seinen Verwandten unterscheiden – nämlich in seinen Polyphenolen. Inzwischen ist bekannt, dass die hochwirksamen kleinmolekularen Polyphenole des grünen Tees beim Fermentationsprozess zu schwarzem Tee in großmolekulare Verbindungen umgewandelt werden. Ihre heilende und vorbeugende Kraft – vor allem im Hinblick auf Krebserkrankungen, Bluthochdruck und Arteriosklerose – ist schwächer. Bei der Fermentation des Pu-erh-Tees handelt es sich jedoch um einen besonderen, sanfteren Vorgang, an dem, wie erwähnt, auch spezielle Bakterien beteiligt sind. Man kann also davon ausgehen, dass seine polyphenolartigen Verbindungen anders aussehen als die von grünem und schwarzem Tee und dementsprechend auch anders wirken. Wenn man die medizinischen Effekte von Pu-erh betrachtet, so scheinen sie in besonderem Maß die Entgiftung des Körpers zu fördern.

Die chemischen Hintergründe für die zahlreichen medizinischen Wirkungen von Pu-erh sind noch nicht geklärt. Eine zentrale Rolle spielen sicherlich seine Polyphenole, über deren chemischen Aufbau jedoch nur wenig bekannt ist.

Fluor als natürliche Kariesbremse

Ähnlich wie grüner und schwarzer Tee enthält Pu-erh große Mengen an Fluor. Das Mineral spielt eine überragende Rolle in der Mundhygiene. Es wirkt vorbeugend bei Karies und ist imstande, selbst bei bereits bestehenden Karieslöchern den dort ablaufenden Mineralabbau an der Zahnsubstanz aufzuhalten. In höherer Konzentration stoppt es das Wachstum der Bakterien, die das Entstehen der Zahnerkrankung begünstigen. Eine weitere wichtige Funktion von Fluor liegt in der Festigung der Knochen.

Mangan fördert die Kalziumeinlagerung in den Knochen. Es hilft daher bei der Therapie und der Vorbeugung von Osteoporose.

Mangan für den Stoffwechsel

Pu-erh enthält überdurchschnittlich viel Mangan. Das Spurenelement bildet den Bestandteil zahlreicher Enzyme und ist daher an Körpervorgängen wie etwa dem Aufbau des Bindegewebes oder dem Fett- und Eiweißstoffwechsel beteiligt. Es ist davon auszugehen, dass der Pu-erh-Einfluss auf die Fettdepots und den Cholesterinspiegel auch auf seinen hohen Manganwert zurückzuführen ist. Unser Körper benötigt Mangan für Skelett und Blut, als Nahrung für Nerven und Gehirn, für die Produktion von Schilddrüsenhormonen sowie für die Herstellung des Farbstoffs in Haut und Haaren.

In China zählt Pu-erh-Tee aufgrund seiner das Geschmacksempfinden verbessernden Wirkung – ähnlich wie der grüne Tee in Japan – zu den unentbehrlichen Zutaten der feinen Küche.

Bitterstoffe für Verdauung und Geschmacksempfinden

Bitterstoffe bilden keine einheitliche Gruppe von Substanzen. Zu ihnen zählen Stoffe wie Gerbsäuren und Theophyllin. Auch einige Mineralien und Vitamine schmecken bitter. Bitterstoffe können also sehr unterschiedliche chemische Eigenschaften besitzen, jedoch interessiert an dieser Stelle nur ihr Geschmack: Er regt in erster Linie die Verdauungsarbeit an, außerdem stimuliert er den Appetit.

Die Bitterkeit von Pu-erh ist intensiv, aber keinesfalls abstoßend. Sie spricht viele Sinneszellen an, sorgt jedoch nicht für Irritationen. Die Erfahrung zeigt, dass der regelmäßige Genuss von Pu-erh-Tee das Geschmacksempfinden des Menschen verfeinert.

Koffein zur Anregung von Herz und Nerven

▶ Koffein wirkt anregend auf das Herz und das zentrale Nervensystem, es erzielt dadurch eine Steigerung der Aufmerksamkeit und Konzentrationsfähigkeit. Außerdem stimuliert es die Ausschüttung der Magensäuren und die Wasserausscheidung über die Nieren, auch die Bronchien werden durch Koffein weiter gestellt. Nicht zuletzt deshalb werden Tee und Kaffee vor allem zu und nach den Mahlzeiten getrunken, da sie die Verdauung anregen und die durch das verdauungsträge Nervensystem eng gestellten Atemwege wieder öffnen.

▶ Leider besitzt Koffein auch eine Reihe von Nachteilen. So kann sein harntreibender Effekt im Sommer zu Problemen mit dem Wasserhaushalt führen. In großen Mengen kann es Schlaflosigkeit verursachen, und einige Ärzte sehen es als Migräneauslöser. Als magensaftanregendes Alkaloid kann es bei Patienten mit Magenschleimhautreizungen, Gastritis oder Magengeschwüren zu Problemen führen.

Als etabliertem Nahrungsmittel sind beim Pu-erh-Tee kaum Nebenwirkungen zu befürchten. Allerdings sollte die empfohlene Dosis von 3 bis 4 Tassen pro Tag (also etwa 0,6 Liter) nicht überschritten werden, da es aufgrund seiner Gerbstoffe dann zu hartem Stuhlgang mit Blähungen und Verstopfung kommen kann.

Kein Risiko mit Pu-erh

Negative Berichte über den Koffeingehalt im Pu-erh-Tee liegen nicht vor. Seine Koffeinmoleküle sind – genauso wie beim grünen Tee – durch Polyphenole »an die Kette gelegt«, so dass sie nur sehr zögerlich im Organismus aktiv werden können. Pu-erh-Tee kann daher auch im Verlauf einer Diät getrunken werden, ohne dass es zu Magenproblemen kommt. Auf Nummer sicher geht, wer sich über den Tag verteilt mehrere Aufgüsse von Pu-erh aus denselben Blättern zubereitet.

▶ Man brüht morgens 1 gestrichenen Teelöffel frischer Pu-erh-Blätter auf (siehe dazu »Die Varianten der Zubereitung«, Seite 24ff.), die man nach dem Abseihen nicht entsorgt, sondern an einem schattigen Platz »zwischenlagert«.

▶ Mittags nimmt man dieselben Blätter für einen zweiten Aufguss.

▶ Genauso verfährt man am Nachmittag und am Abend.

Auf diese Weise verschaffen Sie sich morgens den »Koffeinkick«, um gut in den Tag zu starten, während bei den nachfolgenden Aufgüssen der Koffeinwert immer weiter abnimmt, um schließlich am Abend auf ein Minimum geschrumpft zu sein.

Polyphenole als Radikalefänger

Polyphenole verzögern die Koffeinverdauung, fördern aber den Abbau von Giften. Mindestens ebenso wichtig ist ihre antibiotische Wirkung auf viele Parasiten sowie ihre beruhigende Wirkung auf Magen und Darm. Darüber hinaus schützen gerade die Polyphenole den Körper vor dem Angriff aggressiver Sauerstoffmoleküle, den so genannten freien Radikalen. Diesen hochreaktiven Sauerstoffradikalen, sprich unkompletten Sauerstoffmolekülen, fehlt zur Vervollständigung ein Elektron, das sie anderen Atomen oder Molekülen entreißen. Diese trachten dann wiederum danach, sich das verlorene Elektron von einem anderen Molekül zu holen. Diese Reaktionen laufen normalerweise ständig im Körper ab, er hält sie in Schach. Erst die übermäßige Bildung freier Radikale durch Umweltgifte wie Pestizide, Stickoxide oder erhöhte Ozonbelastung und andere negative Umwelterscheinungen wird gefährlich für den Organismus. Die freien Radikale werden für eine ganze Reihe von Erkrankungen verantwortlich gemacht, die von Arteriosklerose über Krebserkrankungen bis zu Arthritis reichen.
Es ist davon auszugehen, dass die Polyphenole wie bei grünem und schwarzem Tee auch bei Pu-erh eine zentrale Rolle spielen. Leider ist über ihren genauen chemischen Aufbau bisher nur wenig bekannt.

Saponine gehören zu den Biostoffen aus dem Pflanzenreich, die als regelrechte »Fettsauger« in unserem Körper arbeiten können. Man findet sie nicht nur in Teeblättern. Überdurchschnittlich große Saponinmengen finden sich auch in Hülsenfrüchten.

Saponine – die wirksamen »Fatburner«

Saponine sind ungemein wirksam, was die Senkung des Blutfettspiegels betrifft. Einerseits zwingen sie das aus der Nahrung aufgenommene Cholesterin bereits im Verdauungstrakt in Verbindungen, die nicht mehr verdaut werden können und dadurch mit dem Stuhl einfach ausgeschieden werden. Andererseits entziehen sie dem Körper so genannte primäre Gallensäuren. Diese Säuren sind für die Verdauung unentbehrlich und müssen von der Leber aus Cholesterin extra hergestellt werden. Wenn die Saponine dem Organismus die Gallensäuren entziehen, wird die Leber gezwungen, auf die reichhaltigen Cholesterinreserven im Körper zurückzugreifen. Die Folge: Der Cholesterinspiegel im Blut sinkt deutlich ab.

Die medizinischen Wirkungen

In China gilt Pu-erh als wirksame Heilpflanze bei erhöhten Cholesterin- und Harnsäurewerten sowie bei Übergewicht – eine Einschätzung, die inzwischen auch wissenschaftliche Bekräftigung gefunden hat. Darüber hinaus wird Pu-erh auch zur Mobilisierung von Milz und Leber eingesetzt sowie zur Entgiftung des Organismus – vor allem nach übermäßigem Alkoholgenuss. Zu seinen weiteren Einsatzgebieten zählen Durchfall, Darminfekte und Verdauungsträgheit. Einige Ärzte setzen ihn sogar zur Behandlung von leichteren Depressionen ein.

Pu-erh fördert den Alkoholabbau und hilft dadurch auch gegen den berüchtigten Kater. Voraussetzung ist allerdings, dass Pu-erh einige Minuten nach dem Alkoholkonsum zum Einsatz kommt. Wer ihn erst »am Morgen danach« trinkt, darf keine Antikaterwirkung mehr erwarten.

Mit Pu-erh gegen überflüssige Fette

- Eine Studie der Pariser St.-Antoine-Klinik an 40 übergewichtigen Patienten ergab, dass bereits drei Tassen Pu-erh-Tee täglich den Cholesterinspiegel im Blut deutlich sinken lassen. Schon nach vier Wochen kam es zu einer Senkung der Cholesterinblutwerte um durchschnittlich 13 Prozent. Das Körpergewicht verringerte sich bei 88 Prozent der Patienten, ohne dass sie ihre Nahrungs- oder Bewegungsgewohnheiten umgestellt hätten. Ihre Gewichtsreduktion musste also mit dem Tee zusammenhängen. Einer der Patienten nahm sogar 10,8 Kilogramm ab, er war allerdings auch besonders übergewichtig.
- In einer anderen Studie konnte neben dem Cholesterinwert auch die Triglyzerid- und Harnsäurewerte im Blut gesenkt werden. Den Patienten wurden drei Tassen Pu-erh-Tee täglich verabreicht.
- In einer chinesischen Untersuchung an Patienten mit extrem hohen Blutfettspiegeln wurden mit Pu-erh bessere Heilungseffekte erzielt als mit den so genannten Clofibraten, die als Standardmedikamente bei dieser Fettstoffwechselstörung gelten.

Mit Pu-erh den Körper entgiften

Pu-erh regt die Ausschüttung von Entgiftungsenzymen aus der Leber an. Er fördert dadurch den Abbau von Alkohol. In China nutzt man diesen Effekt nach ausgiebigen Trinkgelagen seit vielen Jahren. Selbstversuche an der Pariser St.-Antoine-Klinik ergaben, dass sich die Geschwindigkeit des Alkoholabbaus verdoppeln lässt, wenn man sofort nach dem Alkoholkonsum drei Tassen Pu-erh-Tee trinkt.

Mit Pu-erh gegen Melancholie

In China wird Pu-erh-Tee auch bei leichteren Depressionen verordnet. Klinische Untersuchungen dazu existieren zwar bisher noch nicht. Allerdings ist es vom bekannten Wirkstoffprofil der Teepflanze her durchaus möglich, dass sich in ihr – ähnlich wie beim depressionshemmenden Johanniskraut – Flavonoide befinden, die in unserem Gehirn zur Stimmungsaufhellung führen.

Pu-erh ist sicherlich kein so wirksames Antidepressivum wie das hierzulande inzwischen häufig eingesetzte Johanniskraut. Nichtsdestoweniger schwört man in China auf die sanft stimmungsaufhellende Wirkung des Pu-erh-Tees.

Mit Pu-erh den Darm sanieren

Am chinesischen Kunming Medical Institute, einer der Hochburgen der Pu-erh-Forschung, gelang es, die Erreger der Ruhrerkrankung und anderer Darminfektionen mit Hilfe von Pu-erh abzutöten. Der Tee besitzt darüber hinaus »gerbende« Wirkungen auf die Darmschleimhaut, das bedeutet, er macht sie widerstandsfähiger gegenüber Parasitenbefall. Pu-erh muss daher zu den wirksamen Heilpflanzen bei Darminfektionen gezählt werden.

Mit Pu-erh die Verdauung in Schwung bringen

In China ist es außerdem üblich, den Tee im Anschluss an größere Mahlzeiten zu trinken, um den Verdauungsprozess zu fördern sowie Körper und Seele daran zu hindern, in die typische »After-Meal-Laziness« (Nach-dem-Essen-Faulheit) zu verfallen. Auf diese Weise können auch reichliche, lang dauernde Geschäftsessen erfolgreich »überstanden« werden.
Patienten mit funktionsschwachem Darm berichten immer wieder davon, wie sich durch drei Tassen Pu-erh-Tee täglich ihr Stuhlgang verbessert hätte, und das nicht nur in Bezug auf die Häufigkeit, sondern auch in Bezug auf seine Konsistenz.

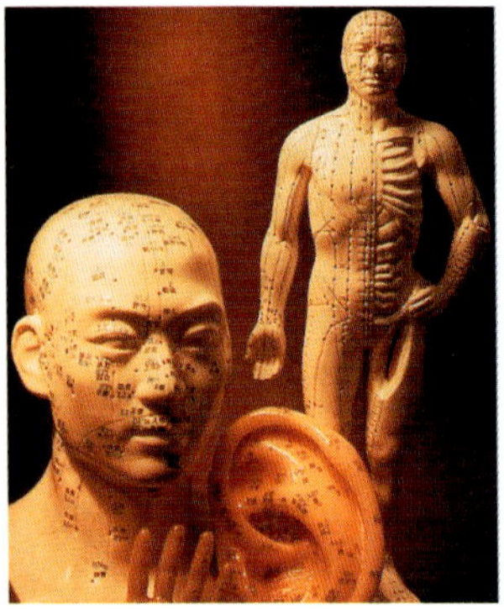

Auch in der traditionellen chinesischen Medizin hat der heilende Tee schon lange seinen festen Platz.

Pu-erh-Tee wird in China bereits seit Jahrtausenden als Alltagsgetränk zubereitet. Als Heiltee wurde er jedoch erst im frühen Mittelalter entdeckt.

Pu-erh in der chinesischen Medizin

Vom Alltags- zum Heiltee

Ähnlich wie der grüne Tee besitzt auch Pu-erh eine lange Tradition. Seit etwa 1700 Jahren wird er in der chinesischen Provinz Yunnan angebaut, aber seine Geschichte reicht wahrscheinlich noch erheblich weiter zurück. Als Heiltee etablierte er sich erst in der Tang-Dynastie (618–907 n. Chr.). Er unterscheidet sich in dieser Beziehung vom grünen Tee, der erst als Medikament verwendet, später als Genussmittel getrunken und erst in jüngster Zeit als Heiltee wieder entdeckt wurde. Pu-erh begann seine »Karriere« als Alltagsgetränk, um später in der traditionellen chinesischen Medizin Einzug zu halten, in der er auch heute noch einen festen Platz einnimmt – mit stetig wachsender Bedeutung. Seine heilkräftige Wirkung führte dazu, dass der Pu-erh-Tee in den »China Native Products Thesaurus« aufgenommen wurde – er gehört somit zu den Schätzen, auf deren urtümlich chinesische Herkunft man im Land des Jangtsekiang besonders stolz ist.

TCM – jahrtausendealte Heilerfahrung

»Unwissenschaftlicher Humbug« – so lautet immer noch der Tenor von Vertretern der Schulmedizin, wenn von der traditionellen chinesischen Medizin die Rede ist. Und in der Tat entwickelte sich die traditionelle chinesische Medizin, abgekürzt TCM, auch unter dem Einfluss von Hexen und Schamanen. Aber neben okkulten und rätselhaften Ritualen spielten Naturbeobachtung und Menschenkenntnis eine große Rolle. Und damit lassen sich auch heutzutage oftmals bessere Heilerfolge erzielen als mit Hilfe von Röntgenstrahlen oder Beta-Blockern. Darüber hinaus blieb die TCM nicht im Schamanenstadium

stehen. Seriöse chinesische Mediziner sorgten für eine wissenschaftliche Untermauerung, so dass die TCM auch in Europa immer mehr Beachtung unter den Ärzten findet.
Die jahrtausendealte Gesundheitslehre der traditionellen chinesischen Medizin ist nur ein Teil des Heilungssystems in China und war zu Zeiten der Kulturrevolution verboten. Die TCM geht von der Vorstellung aus, dass das körperliche wie das seelische Gleichgewicht von dem Fluss der Lebensenergie Qi abhängt. Jede Störung des Energieflusses, eine Stauung, Unter- oder Überversorgung, birgt negative Folgen für die Gesundheit.

Die traditionelle chinesische Medizin geht nach anderen Kriterien vor als westliche Ärzte. Bakterien, Viren und Pilze spielen als Krankheitsauslöser kaum eine Rolle. Im Mittelpunkt steht vielmehr der Mensch und die in ihm wirksamen Urkräfte Yin und Yang, die in den jeweiligen Funktionskreisen unseres Körpers genau ausbalanciert sein müssen, damit wir gesund bleiben.

Die Lebensenergie stimulieren

Durch unterschiedliche Methoden kann man auf den Qi-Fluss einwirken. Die meisten dieser Heilbehandlungen sind inzwischen auch bei uns anerkannt. Zur Aufrechterhaltung oder Wiederherstellung des optimalen Energieflusses werden vor allem die körperlich-geistigen Bewegungsübungen des Qi Gong (Weg, sein Qi zu spüren), die Akupressur oder die Akupunktur (lat. acus = Nadel; pungere = stechen) angewendet. Bei den beiden letzten wird auf das Qi Einfluss genommen mittels Massage, Druck oder Nadelstiche an speziellen Stellen, den Akupunkturpunkten, die auf bestimmten Bahnen, den so genannten Meridianen, liegen, in denen das Qi fließt. Dabei wird nicht nur die behandelte Stelle, sondern die ihr energetisch zugeordneten Funktions- bzw. Organbereiche stimuliert.

Die Grundvorstellungen der TCM

Es sind zwei grundsätzliche Vorstellungen, die das Denken der TCM beherrschen. Die eine kreist um Yin und Yang, die zwei Urkräfte, die in jedem einzelnen Teil des Kosmos wirken, also auch im Menschen. Yin steht für das Prinzip von Materie und Beharrlichkeit, das die Dinge am liebsten im passiven So-und-nicht-weiter-Zustand einfrieren will. Yang steht hingegen für das Prinzip von Form und Dynamik, das die Dinge am liebsten fortwährend gestalten und im Fluss halten will. Sind beide

Kräfte im Menschen im Gleichgewicht, ist er gesund. Geraten sie aus der Balance, wird er krank – und der Medizin obliegt gemäß traditioneller chinesischer Vorstellung, diese verloren gegangene Balance wiederherzustellen.

Die zweite Vorstellung der TCM besagt, dass bei den Krankheiten prinzipiell zwischen zwei Typen unterschieden werden muss, und zwar zwischen äußeren Erkrankungen, die durch den Einfluss der Umgebung ausgelöst werden, und inneren Erkrankungen, die aufgrund von Emotionen entstehen.

Yin und Yang als die beiden Pole des gesamten Daseins können von uns Europäern nur schwer in Worte gefasst werden. Die traditionelle chinesische Medizin betont auch immer wieder das eigentlich Unbegreifliche dieser beiden Kräfte. Am nächsten kommen ihnen noch unsere alten philosophischen Begriffe »Substanz« (Yin) und »Form« (Yang).

Pu-erh und seine Rolle als Entgifter

Bei Erkrankungen, die durch den Einfluss der Umgebung ausgelöst werden, spielen Gifte eine wichtige Rolle, wobei der Begriff »Gift« in der TCM weiter gefasst wird als in Europa. Die TCM versteht unter Giften alles, was den Körper in irgendeiner Form verunreinigt und schwach macht. Also nicht nur Schwermetalle, Pestizide, Smog o. Ä., sondern auch normale Stoffe aus der Nahrung, die dem Organismus schaden, wenn man sie im Übermaß verzehrt. Hier sind in erster Linie Alkohol und tierische Fette zu nennen.

Pu-erh-Tee wurde schon im alten China häufig als »Reinigung von innen« verwendet, um den Körper von schädlichen Stoffen zu befreien.

Menschen, die zu viel Fett essen, werden einerseits dick und träge (hier überwiegt Yin), andererseits schwitzen sie schneller, und ihr Blutdruck geht in die Höhe (hier überwiegt Yang). Ähnliches gilt für den übermäßigen Alkoholgenuss.

Und genau hier liegt der Ansatz von Pu-erh-Tee: Er befreit den Organismus von den beiden Giften Alkohol und Fett, mit der Folge, dass Yin und Yang wieder ins rechte Verhältnis gerückt werden. Das wiederum bedingt, dass sich das Körpergewicht normalisiert und auch Schweiß- und Bluthochdruckneigung zurückgehen. Wichtig ist, dass Yin und Yang genau an den richtigen Stellen gestärkt werden, denn es wäre beispielsweise fatal, die Yang-Energien im Blutkreislauf bei Bluthochdruck weiter zu betonen. Pu-erh-Tee scheint hier stets den richtigen Hebel zu finden. Er stärkt die beiden Urprinzipien genau an den notwendigen Stellen.

Traditionelle chinesische Kräutergelehrte werden nicht müde zu betonen, dass Pu-erh imstande ist, umfassend zu entgiften und dadurch Yin und Yang an den richtigen Stellen zu stärken, und dass er genau aus diesem Grund gegen Übergewicht sowie Bluthochdruck und andere Herz-Kreislauf-Erkrankungen hilft. Beobachtungen wissenschaftlich ausgebildeter Ärzte bestätigen die überragende Rolle von Pu-erh bei der Entgiftung und Entfettung des Körpers.

»Pu-erh-Tee ist wie kein anderer ein wirksamer Feind unnützen und schädlichen Körperfetts. Er unterstützt das Yin und das Yang und schafft so, wenn der Mensch ihn regelmäßig trinkt, ein langes, gesundes Leben.« So schrieb es vor etwa 200 Jahren Zhao Xuemin, ein Hauptvertreter der traditionellen chinesischen Medizin. Er selbst soll – täglich Pu-erh-Tee trinkend – 102 Jahre alt geworden sein.

Pu-erh zur Harmonisierung des Energieflusses

Im Bereich der inneren Krankheiten gilt: Jedes übermäßige Gefühl kann Krankheiten auslösen. Der Zorn ebenso wie die Traurigkeit, das Grübeln genauso wie die Angst – und selbst die Freude kann, sofern sie im Übermaß auftritt, schädlich sein. Die Zuständigkeit von Pu-erh liegt besonders auf dem ersten Gebiet, dem »heiß- und kaltblütigen« Bereich von Zorn, Wut, Ärger und Frustration.

Laut chinesischer Medizin beeinflussen derartige Gefühle vor allem die Leber, wobei die chinesischen Ärzte unter Leber nicht das eigentliche Organ im engeren Sinn verstehen, sondern insgesamt alle Steuerungssysteme, die das Blut speichern und für einen harmonischen Energie-, also Qi-, und Blutfluss sorgen.

Für die traditionelle chinesische Medizin steht seit langem fest, dass viele Krankheiten durch Gefühle ausgelöst werden. Die abendländische Medizin ist erst in den letzten Jahren dazu bereit, diesen Ansatz zu akzeptieren. Das dafür zuständige Fachgebiet ist die Psychosomatik. Sie kann vieles von dem, was die alten chinesischen Ärzte herausfanden, wissenschaftlich bestätigen.

Frust und Aggressionen wirken sich somit auf den Energie- und Blutfluss im Körper aus. Und wer die Menschen einmal näher beobachtet hat, kann diesen Denkansatz nur bestätigen.

Wenn Yin oder Yang dominiert

So gibt es Menschen, die auf Frustrationen mit »roter Wut« reagieren: Ihr Kopf läuft rot an, sie schwitzen, toben und setzen ihren ganzen Körper unter Spannung, ihr Herz jagt und die Atmung ist unruhig und japsend. Laut chinesischer Medizin dominiert in ihnen das erhitzende Prinzip des Yang. Dies bedeutet: Ihr Energiefluss ist im »roten Bereich«: Das Blut ist in Wallung, weil die Leber eifrig damit beschäftigt ist, Blut in den Körper zu pumpen. Als Folge davon kann es zu Krankheiten wie Bluthochdruck, Herzjagen, Herzrhythmusstörungen, Herzinfarkt und Schlaganfall kommen.

Ganz anders bei Menschen, die mit »weißer Wut« reagieren. Ihr Gesicht ist aschfahl, die Lippen sind verkniffen; sie toben nicht, sondern tragen ihren Frust nach innen. Laut chinesischer Medizin dominiert in ihnen das erkaltende Prinzip des Yin: Ihr Energiefluss ist im wahrsten Sinn festgefroren, weil nämlich ihre Leber den Blut- und Energiefluss blockiert hält. Die Qi-Energien stauen sich im Leberbereich. Als Folge davon kann es zu Krankheiten wie Magengeschwür, Sodbrennen, Leberentzündungen und Gallenblasenerkrankungen kommen. Im psychischen Bereich können melancholische Zustände bis hin zur Depression auftreten.

Pu-erh stärkt Yin oder Yang – je nach Bedarf

Der Pu-erh-Tee vermag laut altchinesischer Vorstellung den Leberfunktionskreis zu stabilisieren. Er kann bei Bedarf das erhitzende Yang ebenso stärken wie das erkaltende Yin. Bei roter Wut wirkt er besänftigend, er sorgt gewissermaßen für die notwendige Abkühlung des brodelnden Energiekessels; bei kalter Wut wirkt er hingegen befreiend, er sorgt dafür, dass sich die im Energiekessel aufgestauten Kräfte entladen können.

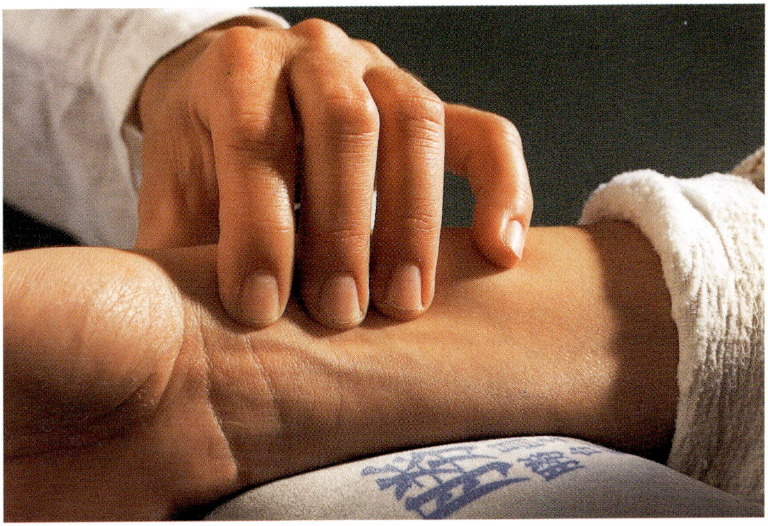

Der regelmäßige Genuss von Pu-erh-Tee bringt die Körperfunktionen ins Gleichgewicht. Ein chinesischer Arzt überprüft diese teilweise anhand des Pulses.

Damit harmonisiert Pu-erh Yang und Yin im Bereich des Leberfunktionskreises, er hält sie im Gleichgewicht und hilft dadurch bei den meisten der oben genannten Krankheiten.

Schon der Geschmack von Pu-erh-Tee weist auf seinen intensiven Bezug zu Yin und Yang. Seine erdige Note verweist auf die stabil-beharrenden Kräfte des Yin, seine rauchige Note auf die flüchtig-verändernden Kräfte des Yang.

Pu-erh senkt das Risiko von Gefäßerkrankungen

Es ist schon frappierend: Die so spekulativ anmutenden Theorien von Yin und Yang, von gehemmten und überhitzten Energieflüssen im Leberbereich, lassen sich auch konkret physiologisch aufspüren. Klinische Beobachtungen bestätigen, dass Pu-erh tatsächlich auf die Leber wirkt – und das nicht nur auf den Leberfunktionskreis im Sinn der TCM, sondern auch auf das eigentliche Organ. Demnach putscht Pu-erh das Entgiftungs- und Entfettungsorgan zu regelrechten Höchstleistungen an und gibt ihm Reserven, um für harte, »giftige« Zeiten (z.B. nach einer langen Nacht) fit zu sein. Es erscheint logisch, dass sich dadurch das Risiko von Überlastungsschäden an der Leber senkt. Darüber hinaus führt die Anregung der Leber aber auch dazu, dass der Cholesterinspiegel im Blut sinkt. Folglich können sich keine Fettablagerungen mehr an den Blutgefäßwänden bilden, und dies senkt das Risiko von Bluthochdruck, Herzinfarkt und Schlaganfall.

Pu-erh-Tee kann man mittlerweile fast überall bekommen: in Teeläden, Chinaläden, Apotheken oder auch Reformhäusern.

Tipps für Kauf und Zubereitung

Wo Sie gute Qualität bekommen

Mittlerweile stellt der Einkauf von Pu-erh den Kunden vor keine größeren Probleme mehr. Man erhält den Tee überall in Apotheken, Drogerien, Reformhäusern und Teefachgeschäften oder in chinesischen Feinkostläden. Und wer über einen Internetzugang verfügt, kann sich mittlerweile auch auf diesem Weg bei Versandhändlern mit Pu-erh versorgen. Der Vorteil hierbei liegt auf der Hand: Der Kunde braucht nicht mehr aus dem Haus, allerdings erhält er auf diese Weise auch keinerlei Einblicke in die Arbeits- und Lagerqualitäten des betreffenden Teeanbieters.

▶ Vertreter der TCM verweisen gern auf die besonders hohe Qualität von Pu-erh, der in den chinesischen Feinkostgeschäften angeboten wird. Nennenswerte Belege für diese These gibt es jedoch nicht. Im Gegenteil: Aus der Tatsache, dass ein Beutel mit Tee einen unverständlichen chinesischen Schriftzug trägt, darf man noch lange nicht schließen, dass er auch wirklich hochwertige Ware enthält. Von Krankenhäusern, die mit TCM arbeiten, wird immer wieder berichtet, dass sie von ihren chinesischen Kräuterlieferanten nur unter massiven Druck medizinisch und botanisch einwandfreie Ware erhalten.

Als Alternativen sind daher Apotheken, Reformhäuser und Drogerien zu empfehlen.

▶ Leider brillieren viele Apotheken immer noch mit überzogenen Preisen, wobei sie darauf hinweisen, dass ihre Ware wirklich pharmazeutische Qualitätsansprüche gewährleiste. Präzise chemische Analysen sind bislang jedoch Mangelware, weshalb es auch noch keine pharmazeutischen Richtlinien gibt, deren Einhaltung man teuer bezahlen müsste.

Pu-erh-Tee ist im Trend, und deshalb wird er demnächst – ähnlich wie Grün- und Schwarztee – auch als Aufgussbeutel und Extrakt in großen Mengen auf den Markt kommen. Es gilt jedoch auch für ihn: Die größten medizinischen Wirkungen erzielt man mit dem klassischen Aufguss, bei dem das Wasser auf lose Blätter gegossen wird.

▶ Reformhäuser und Drogerien sind preiswerter, ohne dass Einbußen gegenüber der in Apotheken angebotenen Qualität hingenommen werden müssten. In Reformhäusern kann man außerdem davon ausgehen, dass nur Tees aus kontrolliert-ökologischem Anbau vertrieben werden.

Das Pestizidproblem

Im Februar 1999 erschütterte die »Stiftung Warentest« die Teewelt mit ihrer Feststellung, dass über die Hälfte der in Deutschland verkauften Grüntees mit Pestiziden belastet seien. Ähnliche Probleme könnten auch für den Pu-erh-Tee befürchtet werden, der zu den Abkömmlingen des grünen Tees zählt. Panik ist jedoch nicht angebracht. Im Gegenteil: In vielerlei Hinsicht kann für Pu-erh Entwarnung in Bezug auf Pestizide gegeben werden:

▶ Pestizide sind zum überwiegenden Teil schwer wasserlöslich. Beim klassischen Teeaufguss, bei dem die Blätter nach dem Aufbrühen abgeseiht werden, gehen meist nur fünf bis zehn Prozent des Pestizidanteils ins Wasser über, der Rest verbleibt im Satz. Der Teetrinker bekommt also nur einen Bruchteil der Belastungen mit, die im Teebeutel stecken.

▶ Bei den Untersuchungen der »Stiftung Warentest« stellten sich vor allem die japanischen Tees als Giftbomben heraus. Pu-erh wird jedoch ausschließlich in China angebaut.

▶ Die Untersuchungen ergaben auch, dass Teepackungen mit dem Aufdruck »aus ökologisch-kontrolliertem Anbau« tatsächlich Tee enthielten, der weitgehend rückstandsfrei ist. Wer sich also die Mühe macht, beim Kauf auf ökologisch angebauten Pu-erh-Tee zu achten, wird seinen Tee weitgehend giftfrei genießen können. Die Tees aus kontrolliertem Anbau sind übrigens nicht mehr viel teurer als andere.

▶ Pu-erh-Tee wird sehr lange gelagert, bis er trinkreif ist und in den Handel gelangt. Für ihn gelten ähnliche Regeln wie für Wein – er ist umso besser, je länger er reifen konnte. Und dieser Reifungsprozess führt nicht nur zu einer kulinarischen Aufbesserung, sondern auch dazu, dass bereits ein Teil der – möglicherweise versprühten – Pestizide zersetzt wird.

Auch wenn einige Teebauern leider immer noch Pestizide auf ihre Plantagen sprühen – neuere Untersuchungen zeigen, dass sie wenigstens kein DDT mehr dazu verwenden. Allerdings müssen auch bei den Schädlingsbekämpfern der neuen Generation gesundheitliche Bedenken angemeldet werden. Bevorzugen Sie daher Produkte aus ökologisch-kontrolliertem Anbau.

Qualitätsstufen und Preise

Der größte Pu-erh-Erzeuger ist die XiaGuan Tea Factory in Yunnan. In ihr – aber auch in den meisten anderen chinesischen Herstellerfirmen – wird die Qualität des Tees streng überwacht. Nichtsdestoweniger kann der Pu-erh nach Ernte und Verarbeitung sehr unterschiedlich ausfallen. Aus diesem Grund wurden zehn Qualitätsstufen eingeführt. Die höchste und damit teuerste Qualität trägt die Nummer 1. Die Investition lohnt sich jedoch, denn je höher die Qualitätsstufe ist, desto mehr Aufgüsse kann man von dem betreffenden Pu-erh-Tee ansetzen. Tee der Klasse 1 kann man problemlos bis zu viermal aufgießen. Seine medizinische Wirkung nimmt mit der Zahl der Aufgüsse nicht etwa ab, es hat sich vielmehr herausgestellt, dass der Wirkstoffgehalt im zweiten und dritten Aufguss besonders hoch ist.

Der Qingmao-Teebaum zählt zu den Kameliengewächsen. Er besitzt große, eiförmig-längliche Blätter und wächst im Hochland der Regionen Xishanghanna und Simao entlang des Lancang-Jiang-Flusses im subtropischen Klima der südwestlich gelegenen chinesischen Provinz Yunnan. Aus seinen Blättern wird der äußerst kostbare Tee der Kaiser hergestellt.

Der »Tee der Kaiser«

Ob sich die Investition für den »Tee der Kaiser« lohnt, bleibt dem Kunden überlassen – wie er sein kulinarisches Feingespür einschätzt und wie viel er bereit ist, für seine Gesundheit auszugeben. Der Kaiser-Tee wird von äußerst seltenen, uralten Exemplaren des Qingmao-Teebaums gewonnen. Früher war sein Gebrauch tatsächlich nur für den Kaiser von China bestimmt. Normalsterbliche durften noch nicht einmal die Bäume berühren. Seit dem Jahr 1949 ist dieser Tee auch für Nicht-Kaiser erhältlich. Von ihm werden pro Jahr nur etwa 1000 Kilogramm hergestellt. Er ist daher auch entsprechend teuer: über 100 DM für 100 Gramm. Man erhält ihn in Deutschland nur in wenigen Teeversandhäusern, und auch nur in begrenzten Zeiträumen. Der Geschmack dieses speziellen Pu-erh-Tees ist außergewöhnlich mild und trotzdem sehr intensiv. Man kann von ihm bis zu vier Aufgüsse zubereiten, die sich in ihrem Geschmack stark voneinander unterscheiden können. Auch in seinen medizinischen Wirkungen scheint er den anderen Pu-erh-Tees überlegen zu sein. Z. B. nahmen Fettsüchtige, die am Kunming Medical Institute ausschließlich mit ihm behandelt wurden, in einem Monat bis zu 18,3 Kilogramm Gewicht ab.

Die verschiedenen Preisklassen

Der übliche Preis für 100 Gramm Pu-erh-Tee liegt zwischen 10 und 20 DM. Mittlerweile bekommt man ihn allerdings auch schon zu 6 DM angeboten. Derartige Dumpingpreise liegen aber keineswegs daran, dass der Tee in Folge der steigenden Nachfrage entsprechend mehr angebaut würde, sondern daran, dass nun auch minderwertige Produkte auf den Markt kommen.

Vorsicht bei Pu-erh-Tee zu Preisen von weniger als 8 DM pro 100 Gramm. Diese Tees sind in der Regel von geringer Qualität.

Billigprodukte – geringe Qualität

Kennzeichen der billigen Tees ist, dass sie nur kurz gelagert wurden. Da für Pu-erh gilt, dass er umso besser schmeckt und umso wirksamer ist, je länger er reifen konnte, besitzen Billigtees eine geringere Qualität. Auch wird für Billigprodukte oft pulverförmiger Tee verwendet – ein normales Abfallprodukt bei der Teeherstellung. Dieser Pulver-Pu-erh ist für den Export nach Europa oder in die USA bestimmt.

Gepresster Pu-erh – ungeeignet zur Gewichtsreduktion

Ähnliches gilt für Pu-erh-Tee in gepresster Form (high-pressured Pu-erh). Er wurde von den Teefarmern entwickelt, um auch schwer zugängliche Gebiete in China erreichen zu können – große gepresste Würfel sind leichter zu transportieren als lockere Blätterware in Tüten. Eine Zeit lang wurde er auch in Kriegszeiten verwendet. Presstee ist jedoch minderwertig, da er im Schnelldurchlauf erhitzt werden musste, um zusammenzukleben. Als Folge dieses Verfahrens resultiert ein starker Verlust an Vitaminen und ätherischen Ölen. Zur medizinischen Anwendung oder zur Gewichtsreduktion ist er nicht anzuraten.

Sonderangebote bei Abnahme größerer Teemengen erfährt man am besten im Internet.

Grob geschnittener Pu-erh-Tee – empfehlenswert

Guter Pu-erh-Tee ist grob geschnitten sowie reich an Vitaminen und Mineralien. Er versprüht ein malzig-erdiges Aroma. Derartige Tees sind in der Regel nicht unter 10 DM pro 100 Gramm zu erwerben. Einige Versandhändler bieten allerdings Sonderangebote für Großabnehmer, so dass man auch hochwertigen Tee günstig bekommen kann, wenn man größere Mengen (in der Regel mehr als ein Kilogramm) abnimmt.

Worauf Sie beim Lagern achten sollten

Pu-erh-Tee vermag beim Lagern in der Teedose seine medizinische Qualität sogar noch zu steigern. Seine für den Geschmack mitentscheidenden ätherischen Öle sind jedoch nach 18 Monaten weitgehend verdampft, so dass man den Pu-erh-Tee nach Ablauf dieses Zeitraums eigentlich nicht mehr trinken sollte.

- Pu-erh-Tee sollte immer gut verschlossen und trocken aufbewahrt werden. Verwenden Sie dazu Dosen aus Holz, speziellem Blech oder Porzellan; auch lichtundurchlässige Teesäckchen sind geeignet.
- Die Blätter werden mit einem gewöhnlichen, trockenen Teelöffel aus der Dose genommen, sobald Sie sich einen Aufguss bereiten wollen. Der Löffel sollte jedoch nicht im Behälter bleiben.
- In einer Teedose darf nichts anderes als die einmal für sie ausgewählte Teesorte gelagert werden. Die Dose sollte nicht mit Spülwasser gereinigt werden, denn Tee nimmt sehr schnell andere Aromen an. Zum Reinigen der Dose reicht das Auswischen mit einem trockenen Lappen.
- Der ideale Lagerort für Pu-erh-Tee ist kühl und dunkel. Es sollte kein Dampf und keine starke Wärmeentwicklung in seiner Nähe auftreten. Dunstabzugshauben oder Heizkörper sollten also möglichst weit von ihm entfernt sein; ebenfalls nichts zu suchen hat er auf dem sonnigen Fensterbrett.
- Wie auch bei der Lagerung von grünem Tee gilt, den Pu-erh nicht in der Nähe von intensiv riechenden Gewürzen aufzubewahren.
- Achtung: Den Pu-erh-Tee nicht im Kühlschrank lagern! Im Kühlschrank befinden sich die unterschiedlichsten Lebensmittel, deren Aromen ihren Weg auch durch geschlossene Teedosen und -beutel finden. Ein weiteres Problem ist die Feuchtigkeit im Kühlschrank. Auch sie ist imstande, sich bis zu den Teeblättern durchzuschlagen. Außerdem kommt es zu großen Temperaturschwankungen, die dem Aroma des Tees schaden können, wenn Sie den Behälter aus dem Kühlschrank nehmen, um sich Ihren Tee zu bereiten.
- Auch wenn Sie nur kleine Mengen aus dem ursprünglichen Teebehälter nehmen, sollten Sie diese unbedingt vor dem Lagern abpacken.
- Optimal aufbewahrter Tee kann 18 Monate lagern, ohne dabei Geschmackseinbußen zu erleiden. Im Unterschied zu grünem oder schwarzem Tee vermag der Pu-erh in dieser Zeit sogar noch nachzureifen und dadurch seine Qualität zu steigern.

Das richtige Teezubehör

Der Wasserkessel

In ihm wird das Wasser aufgekocht. Wer es traditionell liebt, nimmt Kupferkessel, wie sie in Tibet verbreitet sind. Ihr Nachteil: Sie müssen penibel sauber gehalten werden, da sie zur Oxidation neigen. Praktischer sind Kessel aus Stahl, Aluminium oder emailliertem Metall. Aluminiumkessel stehen allerdings im Verdacht, beim Kochen Krebs erzeugende Stoffe in das Wasser abzugeben.

Probieren Sie einmal die Zubereitung in einer Glaskanne, und schauen Sie dabei dem Unterwasserspiel der Teeblätter zu. So können Sie von Ihrem Alltag abschalten und sich meditativ auf den Genuss des Pu-erh vorbereiten.

Die Teekanne

Die Kanne sollte nicht mehr als einen Liter fassen, dann schmeckt Puerh-Tee am besten. Am verbreitetsten sind Kannen aus Porzellan; Kenner schätzen jedoch Kannen aus Steingut, da ihre Poren etwas vom Aroma des Teeaufgusses annehmen und auf diese Weise den Geschmack des Tees zu strecken vermögen.

Die Teetassen

Chinesischer Tee wird traditionell aus kleinen henkellosen Tässchen oder Schalen (Inhalt maximal 150 Milliliter) getrunken. Die Henkeltasse kommt den abendländischen Trinksitten mehr entgegen und kann jedoch dem Geschmack nichts anhaben. Wichtig ist aber, den Tee nicht aus großen Gefäßen zu trinken. Denn je größer die Tasse, desto mehr bekommt der Tee Kontakt mit der Luft – und das würde zu deutlichen Geschmacks- und Wirkstoffeinbußen führen.

Steingutgeschirr darf beim Reinigen nicht mit einer Bürste oder einem harten Schwamm gescheuert werden!

Die Reinigung des Geschirrs

Teegeschirr wird lediglich mit heißem Wasser gewaschen, ohne Spülmittel. Kanne und Tassen sollten nur für Pu-erh-Tee und schon gar nicht für Kaffee verwendet werden, da es sonst zu Geschmacksverfälschungen kommen kann.

Die Varianten der Zubereitung

Wie bei anderen Teesorten auch existieren zahlreiche Möglichkeiten der Zubereitung von Pu-erh-Tee. Dies liegt einfach daran, dass Tee ein Getränk mit langer Tradition ist und sich dementsprechend viele Menschen besondere Variationen zu seiner Zubereitung haben einfallen lassen. Außerdem bietet Pu-erh – je nachdem wie er zubereitet wurde – einige verschiedene Geschmackserlebnisse.

Pu-erh – der unkomplizierte Tee

Im Fall von Pu-erh-Tee ist jedoch die Zubereitung weniger aufwändig als die Zeremonie bei grünem Tee, wie sie beispielsweise mit Hingabe in Japan zelebriert wird. Für den Pu-erh-Tee muss man z. B. das Brühwasser nicht erst aufkochen und anschließend wieder auf 70 oder 80 °C abkühlen lassen, wie es beim grünen Tee üblich ist. Auch ist es bei Pu-erh nicht weiter tragisch, ihn beim Ziehen einmal zu vergessen und ihn beispielsweise erst nach 20 Minuten abzuseihen.

In China gibt es sogar Empfehlungen, ihn über die ganze Nacht ziehen zu lassen, um dann am nächsten Morgen gewissermaßen einen hoch dosierten »Pu-erh-Espresso« zu erhalten. Derartige Verfahren sollten freilich sorgfältig mit dem eigenen Geschmacksempfinden abgestimmt werden. Aber wenn Sie experimentierfreudig sind, können Sie diese Art der Pu-erh-Zubereitung ruhig einmal ausprobieren. Vielleicht sagt Ihnen ja das Ergebnis zu.

Ein hoher Kalkgehalt des Wassers muss nicht unbedingt den Geschmack des Tees negativ beeinflussen. In einigen Gegenden Chinas ist es sogar üblich, das Wasser für den Tee aus besonders kalkhaltigen Quellen oder Brunnen zu nehmen.

Die unterschiedlichen Dosierungsmöglichkeiten

Für eine anregende Wirkung

▶ Die Dosierung für kräftigen Geschmack und intensive Wirkung liegt bei 1 gestrichenen Teelöffel Pu-erh auf 1 Tasse Wasser, wobei die Tasse etwa 150 Milliliter Fassungsvermögen besitzt. Das entspricht bei 1 Liter Teewasser etwa 6 Teelöffeln Pu-erh, wobei aufgrund der besseren Lösungsmöglichkeiten in einer Kanne die Teemenge sogar auf 5 Teelöffel verringert werden kann.

Für einen milden Geschmack und eine sanftere Wirkung

- Wer es gern milder mag, reduziert die Dosis auf 2 Messerspitzen Pu-erh-Blätter pro Tasse bzw. 3 gestrichene Teelöffel pro Liter Teewasser. Diese Dosierung eignet sich vor allem für den Pu-erh-Einsteiger.
- Die empfohlene Tagesration liegt für beide Dosierungen bei 3 bis 4 Tassen pro Tag – zu oder nach den Mahlzeiten getrunken.

Die unterschiedlichen Ziehzeiten

Geben Sie die gewünschte Menge Pu-erh-Blätter in die Tasse bzw. Kanne, und übergießen Sie sie mit kochendem Wasser. Danach lassen Sie den Tee ziehen, am besten zugedeckt, um seine flüchtigen ätherischen Öle im Aufguss zu halten. Die Dauer des Ziehens richtet sich nach der Qualität des Tees und nach der Wirkung, die Sie erzielen wollen.

Pu-erh-Tee, der nur kurz zieht, ist relativ anregend. Allerdings ist seine anregende Wirkung auch dann noch sehr viel milder als die von Kaffee.

Kurzes Ziehen – 2 bis 3 Minuten

Wer den Pu-erh-Tee 2 bis 3 Minuten ziehen lässt, erhält einen relativ milden Aufguss mit rauchigem Geschmack und starker, anregender Wirkung. Die medizinisch wichtigen Inhaltsstoffe sollten bei dieser kurzen Zeit bereits gelöst sein. Die für den guten alten deutschen Kräutertee üblichen 10 bis 15 Minuten Ziehzeit sind für die Wirksamkeit von Pu-erh nicht nötig, wie überhaupt in der traditionellen chinesischen Medizin häufig mit kurzen Ziehzeiten gearbeitet wird.

Mittleres Ziehen – 3 bis 5 Minuten

Bei einer Ziehdauer von 3 bis 5 Minuten schmeckt der Tee leicht erdig. Die Koffeinmoleküle sind weitgehend an Gerbstoffe gebunden und daher nur noch schwach in ihrer anregenden Wirkung. Diese mittellange Ziehdauer ist für die meisten Teetrinker geeignet und optimal für Magenkranke.

Langes Ziehen – mehr als 10 Minuten

Bei der langen Ziehdauer dominiert eindeutig der erdige Geschmack des Pu-erh. Im Unterschied zu grünem und schwarzem Tee ist Pu-erh-Tee jedoch auch nach längerer Ziehdauer noch genießbar. Dies liegt wahrscheinlich an der »sanfteren« Konstruktion seiner Gerbstoffe. Zehn-Minuten-Pu-erh empfiehlt sich vor allem bei der Behandlung von Darmproblemen, wie beispielsweise Durchfall.

Mehrere Aufgüsse möglich

Pu-erh kann – ähnlich wie Rooibos (Rotbuschtee) und grüner Tee – mehrmals aufgegossen werden. Bei höheren Qualitätsstufen sind bis zu vier Aufgüsse möglich! Vor diesem Hintergrund relativiert sich der hohe Preis, der für Pu-erh im Verhältnis zu Kaffee sowie zu vielen Schwarz- und Grünteesorten gezahlt werden muss. Denn für die Tagesration von drei bis vier Tassen Pu-erh-Tee kommt man mit einem gestrichenen Teelöffel aus.

- Die Folgeaufgüsse sollten prinzipiell kürzer ziehen als der erste Aufguss, da bei ihnen die Blätter bereits »vorgewässert« sind und daher die Inhaltsstoffe schneller in den Aufguss übergehen können. In der Regel reichen 2 bis 3 Minuten. Die Folgeaufgüsse sind koffeinarm und daher für den abendlichen Konsum angezeigt.

Grundsätzlich gilt, dass Pu-erh-Tee, der aus relativ kleinen Blättern besteht, kürzer ziehen muss als Pu-erh-Tee aus großen Blättern. Der Grund: Bei klein geschnittenem Pu-erh ist die Oberfläche im Verhältnis zum Volumen recht groß, so dass die Inhaltsstoffe relativ schnell ins Wasser übergehen können.

Pu-erh süßen– am besten natürlich

Einsteiger haben mitunter Probleme mit dem rauchig-erdigen Geschmack, besonders dann, wenn sie reinen oder starken Pu-erh-Tee trinken. Hier kann es sinnvoll sein, den Tee zu süßen. Dabei stehen mehr oder weniger geeignete Süßungsmittel zur Verfügung. Der folgende Überblick soll Ihnen die Auswahl erleichtern.

Weniger geeignet – Kristallzucker und Zuckerersatzstoffe

- Weißer Haushaltszucker: Der übliche Kristallzucker ist nicht zu empfehlen. Er schadet dem Pu-erh in geschmacklicher wie in medizinischer Hinsicht.
- Künstliche Zuckerersatzstoffe: Sie sind zwar kalorienarm und weniger schädlich für den Zahnschmelz, bringen kulinarisch aber ebenfalls keine befriedigende Lösung.

Honig ist ein optimales Süßungsmittel für Pu-erh. Vergessen Sie jedoch nicht, dass er recht kalorienreich ist. Dafür enthält er aber viele gesunde Biostoffe und ist ein reines Naturprodukt. Achten Sie beim Honigkauf unbedingt auf gute Qualität.

Gut geeignet – Honig, Stevia, Ahornsirup und Agavendicksaft

▶ Honig: Er ist sehr empfehlenwert. Seine Dosierung entspricht der des Tees, man nimmt also etwa 1 gestrichenen Teelöffel pro Tasse. Es ist wirklich erstaunlich, wie voll und rund Pu-erh schmecken kann, wenn er mit Honig gesüßt wurde. Offensichtlich passen die geschmackswirksamen Inhaltsstoffe dieser beiden Nahrungsmittel besonders gut zusammen.

▶ Stevia: Eine andere Möglichkeit der Süßung besteht darin, schon auf dem Teelöffel die Pu-erh-Blätter mit einigen Steviablättern zu mischen. Bei Stevia handelt es sich um ein Kraut, das in Japan und in den USA als natürliches und kalorienarmes Süßungsmittel bereits weit verbreitet ist. Es ist vor allem auch für Diabetiker geeignet.

▶ Ahornsirup: Er harmoniert aufgrund seines leicht »kandierten« Geschmacks mit dem Pu-erh-Tee geschmacklich ähnlich gut wie Honig.

▶ Agavendicksaft: Er hat den Vorteil, seine Süßkraft überwiegend aus Fruchtzucker zu beziehen, der den Blutzuckerspiegel weniger auf problematische Spitzen treibt, wie dies beim normalen Haushaltszucker der Fall ist.

Hinweis Steviablätter, Ahornsirup und Agavendicksaft erhalten Sie problemlos in Ihrem Reformhaus.

Mehr zum Thema »Natürliches Süßen« erfahren Sie in den Ratgebern »Natürlich süßen mit Agavensaft, Dattelsirup, schwarzer Melasse & Co.« von Barbara Rias-Bucher (Ludwig Verlag) und »Natürlich süßen mit Stevia« von Heidrun Fronek (Südwest Verlag).

Pu-erh-Tee ist die gesunde Möglichkeit, sein Wunschgewicht zu erreichen.

Bereits mäßiges Übergewicht ist ein ernsthaftes medizinisches Problem. Denn auch wer nur einige Kilogramm zu viel hat, setzt sich einem erhöhten Risiko aus, am Herz-Kreislauf-System oder an Krebs zu erkranken – ganz zu schweigen davon, dass jedes Pfund zu viel die Gelenke erheblich belastet.

Natürlich schlank mit Pu-erh

Übergewicht – ein verbreitetes Problem

Laut jüngsten Erhebungen der Weltgesundheitsorganisation trifft auf über 30 Millionen deutsche Bundesbürger das Attribut »übergewichtig« zu. 1,2 Millionen gelten sogar als »extrem adipös«, das bedeutet, dass sie wegen ihrer Fettleibigkeit unbedingt behandelt werden müssen, da ihr Zustand ein enormes gesundheitliches Risiko darstellt.
Nun verhält es sich beileibe nicht so, dass die Betroffenen ihr Schicksal einfach ignorieren würden. Im Gegenteil: Die meisten würden gern von ihren Pfunden herunterkommen, dafür spricht allein die Anzahl der Diätkuren, Appetitzügler und »Kalorienverbrenner«, die überall in Medien, Apotheken und Drogerien angeboten werden. Der Erfolg bleibt jedoch in der Regel aus. In den letzten 15 Jahren hat sich die Quote der Übergewichtigen in Deutschland nicht etwa reduziert, sondern verdoppelt. Von daher hat sich in jüngerer Zeit auch eine gewisse Skepsis gegenüber neuen Abmagerungshilfen breit gemacht – nicht zuletzt auch wegen ihrer Nebenwirkungen.

Vorsicht bei Abmagerungsmedikamenten

Dennoch kommen immer wieder brandaktuelle Abmagerungsmedikamente auf den Markt. Wie beispielsweise »Reductil«, das jedoch auf das zentrale Nervensystem wirkt und dadurch starke Nebenwirkungen wie Mundtrockenheit, Zittern, Schlaflosigkeit, Bluthochdruck und Verstopfung provoziert. Andere Mittel wie »Xenical« blockieren einfach die Fettaufnahme im Darm, mit der Folge, dass das vom Darm »abgewiesene« Fett den Stuhl andickt und dementsprechend zu kräftigen Durchfällen führen kann.

Da ist Pu-erh schon erheblich risikoärmer, und auch in Bezug auf seine gewichtsreduzierenden Wirkungen braucht er sich vor den synthetischen Medikamenten keinesfalls zu verstecken. Ganz zu schweigen davon, dass er erheblich preiswerter in der Anwendung ist und auch eine kulinarische Bereicherung darstellen kann.

Stimmungsverbesserndes Schlankheitsmittel

Pu-erh ist kein Appetitzügler, und damit greift er nicht in die Steuerungsvorgänge des zentralen Nervensystems ein, so dass er keinerlei negative Wirkungen auf das psychische und psychosomatische Wohlbefinden aufweist. Im Gegenteil: Durch sein durch Gerbstoffe blockiertes Koffein wirkt er sanft anregend, ohne dabei aufzuputschen oder gar nervös zu machen. Und die Tatsache, dass er in seinem Heimatland China als natürliches Medikament gegen leichte Depressionen eingesetzt wird, lässt darauf schließen, dass er das seelische Wohlbefinden verbessert.

Pu-erh scheint direkt in den Fettstoffwechsel einzugreifen und das Entgiftungsorgan Leber dazu zu zwingen, für die Bildung von Gallensäuren auf körpereigene Fettverbindungen zurückzugreifen. Studien aus dem südchinesischen Kunming sowie aus Frankreich belegen, dass bereits drei Tassen Pu-erh täglich zu einer deutlichen Reduzierung von Übergewicht führen können. Die ersten Effekte stellen sich bereits nach zwei Wochen ein. Medizinisch relevant ist die Abmagerung durch Pu-erh allerdings erst nach vier Wochen.

Mitunter wird Pu-erh von Händlern auch in Kombination mit anderen natürlichen Abmagerungshilfen wie Apfelessig angeboten. Derartige Kombinationen sind jedoch fragwürdig, da nichts darauf hindeutet, dass sie tatsächlich wirkungsvoller wären als Pu-erh-Tee allein. Außerdem ist noch nicht geklärt, ob es nicht womöglich schädlich ist, mehrere natürliche Abmagerungshilfen miteinander zu kombinieren.

Keine Nebenwirkungen bei richtiger Dosierung

Als erwünschter Nebeneffekt kommt es zu einer Reduzierung der Harnsäure-, Triglyzerid- und Cholesterinwerte im Blut. Negative Nebenwirkungen treten bei Pu-erh in der Regel nicht auf. Erst überhöhte Dosierungen von mehr als fünf Tassen täglich führen möglicherweise zu überhartem Stuhlgang mit Blähungen. Inwieweit allerdings extrem hohe Dosen an Pu-erh-Tee zu Vergiftungen führen können, ist noch nicht geklärt.

Der chinesische grüne Tee ist das ideale Getränk für zwischendurch: statt der üblichen Tasse Kaffee eine Tasse Pu-erh – Ihr Körper wird es Ihnen danken.

Pu-erh als Langzeittherapie?

Bleibt die Frage, wie stabil die Ergebnisse einer Pu-erh-Kur sind? Die Antwort: Sie sind nur so lange stabil, wie der Tee getrunken wird. Denn der Effekt des Pu-erh-Tees liegt wesentlich darin, dass er die Leber und den Fettstoffwechsel mobilisiert. Wenn dann der Tee wieder abgesetzt wird, fällt diese Mobilisation aus, und Leber und Fettstoffwechsel verfallen wieder in ihre ursprüngliche »Lethargie«. Ernährt man sich dann genauso weiter wie vor der Kur, sind die verlorenen Pfunde rasch wieder drauf.

Eine stabile Gewichtsreduktion wird umso leichter erzielt, wenn zusätzlich zum Pu-erh-Genuss auch die Ernährung fett- und zuckerärmer gestaltet wird. Doch auch bei dieser Nahrungsumstellung kann Pu-erh behilflich sein, da er durch seinen rauchig-bitteren Geschmack neue Geschmacksnuancen entdecken lässt.

Einfacher als jede Schlankheitskur

Dies bedeutet also, wer dauerhaft sein Gewicht reduzieren will, muss während der Durchführung einer Pu-erh-Kur gleichzeitig seine Nahrungsgewohnheiten umstellen, oder aber er darf keine vorübergehende Kur mit Pu-erh-Tee durchführen, sondern muss ihn zu seinem Alltagsgetränk machen. Doch gerade das sollte eigentlich kein Problem sein. Denn das Trinken von drei Tassen Pu-erh-Tee pro Tag ist im Privat- und Berufsleben ohne weiteres unterzubringen.

Pu-erh-Tee in den Alltag integrieren...

So kann man die morgendliche Tasse Kaffee z. B. durch Pu-erh-Tee ersetzen, was außerdem noch den Vorteil bringt, den Tag mit einer Koffeindosierung zu beginnen, die im Körper nicht so schnell verpufft wie bei Kaffee, sondern über eine längere Zeit anhält. Bei der Arbeit – z. B. im Büro – kann der Tee ebenfalls problemlos integriert werden. Entweder dadurch, dass man ihn sich vor Ort zubereitet, oder indem man morgens eine größere Menge kocht (etwa 0,5 Liter) und nach Abzug der morgendlichen Ration in eine Thermoskanne gefüllt ins Büro mitnimmt. Pu-erh-Tee verliert in den Wärmeisolierkannen weder an Geschmack noch an medizinischer Wirkung.
Pu-erh-Tee eignet sich schließlich auch zum Abendessen. Die Blätter sollten allerdings mittellang (drei bis fünf Minuten) oder sogar lang (zehn Minuten) im Wasser ziehen, um die Koffeinmoleküle an die »Kette« der Gerbstoffe zu legen. Eine andere – und zugleich geldsparende – Möglichkeit besteht darin, den Rückstand vom morgendlichen oder mittäglichen Aufguss an einem kühlen Ort aufzubewahren und ihn am Abend noch einmal zu überbrühen.

Pu-erh-Tee wird am besten zu oder direkt nach den Mahlzeiten getrunken. Denn durch sein sanft wirkendes Koffein lindert er die typischen Müdigkeitserscheinungen, die nach dem Essen auftreten.

...und nebenbei seine Geschmacksnerven schulen

Es empfiehlt sich, den Pu-erh-Tee während der Abmagerungskur nicht zu süßen. Selbst kalorienarme oder sogar kalorienfreie Süßungsmittel sollten entfallen. Denn das eigentümlich erdig-rauchige Aroma des Tees sowie seine Bitterstoffe bewirken für den Gaumen eine Verfeinerung des Geschmacksempfindens, die nicht unterschätzt werden sollte. Der Pu-erh ähnelt darin seinem Verwandten, dem grünen Tee.
Wer es geschafft hat, zwei Wochen konsequent Pu-erh zu trinken, wird nach dieser Zeit bereits feststellen, dass sein Geschmacksempfinden neue Nuancen gefunden hat. Auf einmal sind nicht mehr nur süßliche, salzige und deftige Speisen interessant, auf einmal gefallen auch herbe, trockene, säuerliche und luftige Geschmacksnoten. Und dies erweitert nicht nur die kulinarische Erlebniswelt, es schraubt auch den Kalorienverzehr nach unten.

Impressum

Redaktion:
Claus Semerak
Redaktionsleitung und medizinische Fachberatung:
Dr. med. Christiane Lentz
Bildredaktion:
Gabriele Feld
Produktion:
Manfred Metzger
Umschlag:
Heinz Kraxenberger, München; Till Eiden
Layout:
Wolfgang Lehner
DTP/Satz:
Veronika Moga
Druck:
Color-Offset, München
Bindung:
R. Oldenbourg, München

Printed in Germany

Gedruckt auf chlor- und säurearmem Papier

Buch
ISBN 3-517-06010-0

Buch und Tee
ISBN 3-517-06005-4

Über den Autor
Dr. Jörg Zittlau hat Philosophie, Biologie und Sportmedizin studiert. Er lehrte und forschte zu diesen Fächern an einer Hochschule, um sich schließlich als freier Wissenschaftsjournalist mit den Schwerpunkten Alternativmedizin, Psychologie und Ernährung in Mittelfranken niederzulassen.

Bezugsquelle (Verkauf nur an Wiederverkäufer)
Intertee GmbH Schwedt & Gesing
Postfach 3445, 22827 Norderstedt
Tel. 040/5 34 240, Fax 040/5 34 24 240

Literatur
Rias-Bucher, Barbara: Natürlich süßen mit Agavensaft, Dattelsirup, schwarzer Melasse & Co. Ludwig Verlag. München 1998
Schneebeli-Graf, Ruth: Blütenland China. Birkhäuser Verlag. Basel 1995
Weihofen, Dr. Jürgen: Pu-Erh. sanoform-Verlag. Troisdorf 1998
Yongkang, Prof. Li: Heilen mit Chinatees. Midena Verlag. Augsburg 1998
Zittlau, Dr. Jörg: Grüner Tee für Gesundheit und Vitalität. Ludwig Verlag. 5. Auflage, München 1998

Hinweis
Das vorliegende Buch ist sorgfältig erarbeitet worden. Dennoch erfolgen alle Angaben ohne Gewähr. Weder Autor noch Verlag können für eventuelle Nachteile oder Schäden, die aus den im Buch gemachten praktischen Hinweisen resultieren, eine Haftung übernehmen.

Bildnachweis
AKG, Berlin: 14; Christian Kargl, Ute Schoenenburg, München: Titel; Image Bank, München: 12 (G. Gay), 28 (N. Russell), 30 (J. Banagan); Mauritius, Mittenwald: 6, 18 (Fichtl), 2, 27 (AGE), 17 (O´Brien); Südwest Verlag, München: 1 (M. Nagy); Transglobe, Hamburg: 5 (R. Riethmüller)

Register